Welcome

Sie ist zweifelsohne der größte Star des Planeten, eine der aufregendsten und innovativsten Künstler:innen der heutigen Musikindustrie und wird von Millionen von Menschen auf der ganzen Welt geliebt. Mit über 150 Shows in mehr als 50 Städten auf allen Kontinenten ist Taylor Swifts bahnbrechende Eras Tour schon jetzt eine der größten und besten, die die Welt je gesehen hat.

Aufgeteilt in zehn verschiedene Acts, nimmt sie die Fans mit auf ein audiovisuelles Abenteuer durch ihre bisherige Karriere, von ihren Anfängen als Teenie-Country-Sternchen bis hin zu der genreverändernden globalen Sensation, die sie geworden ist. Jetzt ist es an der Zeit, ihre Tour de Force auf kreative Weise zu feiern! In diesem Buch kannst du deinen inneren Künstler entfesseln und dein Swiftie-Wissen testen. Enthalten sind 36 Illustrationen zur Eras Tour, die du ausmalen kannst, sowie eine Auswahl an lustigen Rätseln und Quizfragen. Egal, ob du das Glück hattest, Tickets für die Tour zu bekommen oder nicht, schnapp dir ein paar Farben und leg los …

Inhalt

4 Ausmalen

Erkunde Taylors unglaubliche Eras Tour durch eine Sammlung von 36 Illustrationen. Male sie mit den Farben aus, die dir gefallen!

79 Aktivitäten

Löse Rätsel und teste dein Swiftie-Wissen mit unseren Eras-Tour-Quizzes

80 Finde die Unterschiede

80 Bühnenlabyrinth

81 Verwirrung in der Setlist

82 Wortsuchen

- 82 Eras Tour Acts
- 84 Setlist Songs
- 86 Unterstützende Acts

88 Rätsel

- 88 Einfach
- 90 Mittel
- 92 Schwer

Ausmalen

Hake ab, welche du ausgemalt hast!

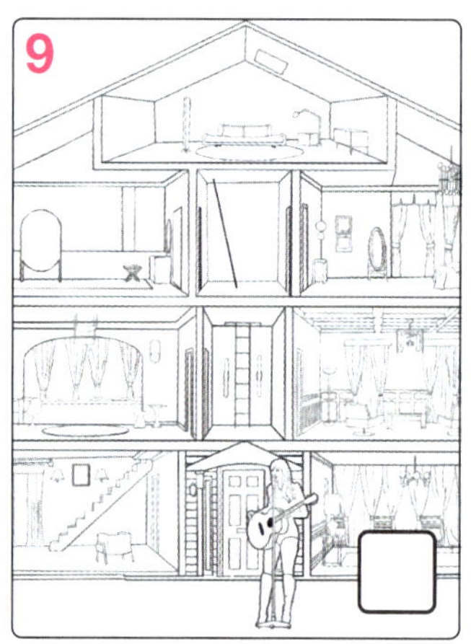

37
39
41
A LOT
OING ON
T THE
OMENT
45
47
49
53
55
57
61
63
67
69
71
75
77

Die Eras Tour ist geboren

Nachdem Taylor bei der Promotion ihres zehnten Studioalbums *Midnights* eine Tour angedeutet hatte, gab sie uns endlich die Nachricht, auf die wir alle sehnlichst gewartet hatten. Bei einem Auftritt in der Fernsehserie *Good Morning America* und über die sozialen Medien kündigte sie am 1. November 2022 offiziell ihre Eras Tour an.

Eine musikalische Reise

Die Eras Tour ist Taylors sechste Konzerttournee und ihre bisher größte. Aufgeteilt in zehn einzigartige Acts, von denen jeder eine andere „musikalische Ära“ aus Taylors unglaublicher Karriere zelebriert, bietet die Show eine Fülle von atemberaubenden Outfits, erstaunlichen Bühnenbildern und einige der größten Hits der Sängerin.

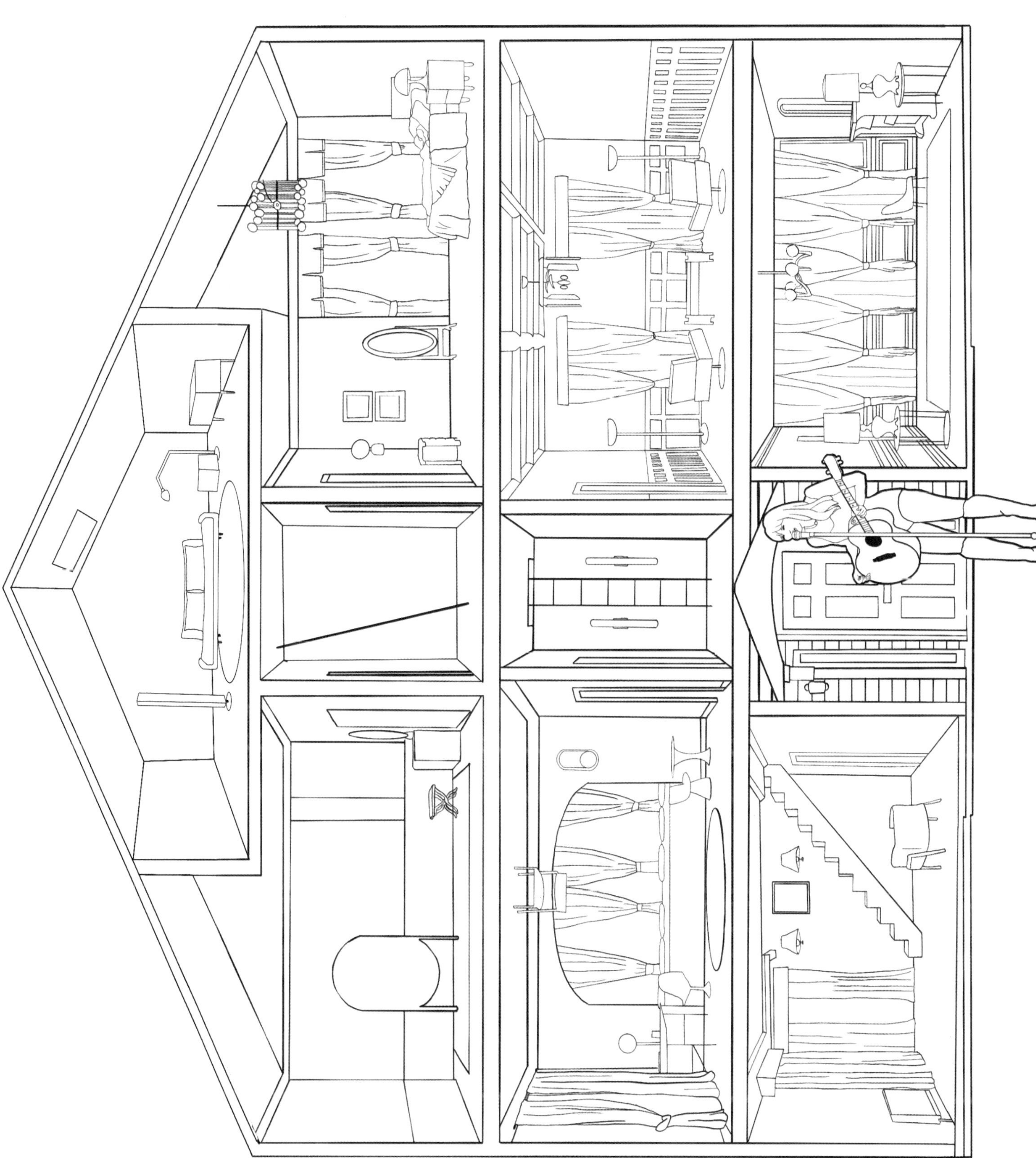

Tour-Fieber

Die Nachfrage nach Tickets war unübertroffen, die Swifties auf der ganzen Welt waren verzweifelt und wollten unbedingt einen Blick auf ihr Idol werfen. In den USA wurden mehr als 2,4 Millionen Karten verkauft – die höchste Zahl für eine:n Künstler:in an einem einzigen Tag.

Lover Era

Die Eras Tour begann stilvoll in Glendale, Arizona, am 17. März 2023. Die Shows beginnen mit der *Lover Era*, in der Taylor einige ihrer beliebtesten Songs aus ihrem siebten Album singt, inklusive *Cruel Summer* und *You Need to Calm Down*. Zu *The Man* zieht sie über ihren kultigen Bodysuit einen glitzernden Blazer.

Fearless Era

Als Nächstes folgt der *Fearless*-Auftritt, bei dem Taylor die Fans mit ihren atemberaubenden Outfits – metallisch schimmernde Kleider im Flapper-Style in Gold und Silber – begeistert. Taylors Eltern halfen ihr sogar dabei, die ikonische Fearless-Gitarre speziell für die Eras Tour einen Tag vor der Eröffnungsshow mit Strasssteinen zu verzieren!

Beeindruckende Kleidung

Taylor ist nicht nur die Königin des Pop, sondern auch eine unbestrittene Stilikone. Während der Eras Tour hat sie bisher mehr als 40 verschiedene Outfits getragen – von Bodys bis hin zu Ballkleidern – und hat ihre Outfits bis zu unglaublichen 16 Mal pro Abend gewechselt.

Durchbruch

Es war ihr zweites Album, *Fearless*, 2008 veröffentlicht, das Taylor zum ersten Mal bekannt. Drei ihrer Hitlieder des Grammy-ausgezeichneten Albums sind in der Setlist der Eras Tour gefeatured – *You Belong with Me*, *Love Story* und *Fearless*.

Evermore Era

Der Übergang von der *Fearless* zur *evermore* Era ist eine der visuell beeindruckendsten der ganzen Tour. Pailleten und Glitzer weichen einem düsteren, winterlichen Wald und es wirkt, als ob Bäume aus der Bühne wachsen, während Taylor die Menge entweder in einem Senfgelben oder einem bronzefarbenen Kleid verzaubert.

Eine Swift-Überraschung

Taylor verblüffte ihre Fans im Dezember 2020 mit der Veröffentlichung von *evermore*, ihrem neunten Studioalbum, das nur zwei Monate nach dem Schwesteralbum *folklore* erschien. Fünf Songs aus dem Indie-Folk-Album stehen auf der Eras Tour Setlist, darunter die US Nr. 1 Single *willow*, *tolerate it*, *'tis the damn season* und *marjorie*.

Zartes Gelb

Um beim Thema Wald zu bleiben, nimmt Taylor an einem moosbedeckten Klavier auf der Bühne platz, um *champagne problems* zu singen. Die Mord-Mystery-Geschichte *no body, no crime* hat bei den Shows in LA, Seattle und Santa Clara *'tis the damn season* ersetzt, da das Rocktrio HAIM mit Taylor auf der Bühne stand.

Die Reputation Era

Der Glanz und Glamour kehrt mit der *reputation* Era wieder. Taylor betritt die Bühne in ihrem einzigen *reputation*-Outfit. Der ikonische schwarze, einbeinige Jumpsuit wurde von Roberto Cavalli entworfen und ist mit einer roten, mit Juwelen besetzten Schlange verziert, die sich von Taylors Bein bis hinauf zu ihrem Hals windet.

Schlangen-Symbolik

Angefangen bei Taylors Outfit bis hin zum Bühnenbild fragst du dich vielleicht, was es mit all den Schlangen in der *reputation* Era während der Eras Tour auf sich hat. Das Ganze geht auf einen sehr öffentlichen Streit zwischen unserer Lieblingssängerin und Kim Kardashian im Jahr 2016 zurück, bei dem KK Tay in den sozialen Medien als Schlange bezeichnet hat.

Top of the pops

Reputation wurde im November 2017 veröffentlicht und war Taylors sechstes Studioalbum und ihr viertes Album in Folge, das sich in der ersten Woche in den USA eine Million Mal verkaufte. Auch weltweit führte es die Charts an. Vier Songs des Albums stehen auf der Setlist der Eras Tour, darunter *Ready for It*, *Delicate* und *Don't Blame Me*.

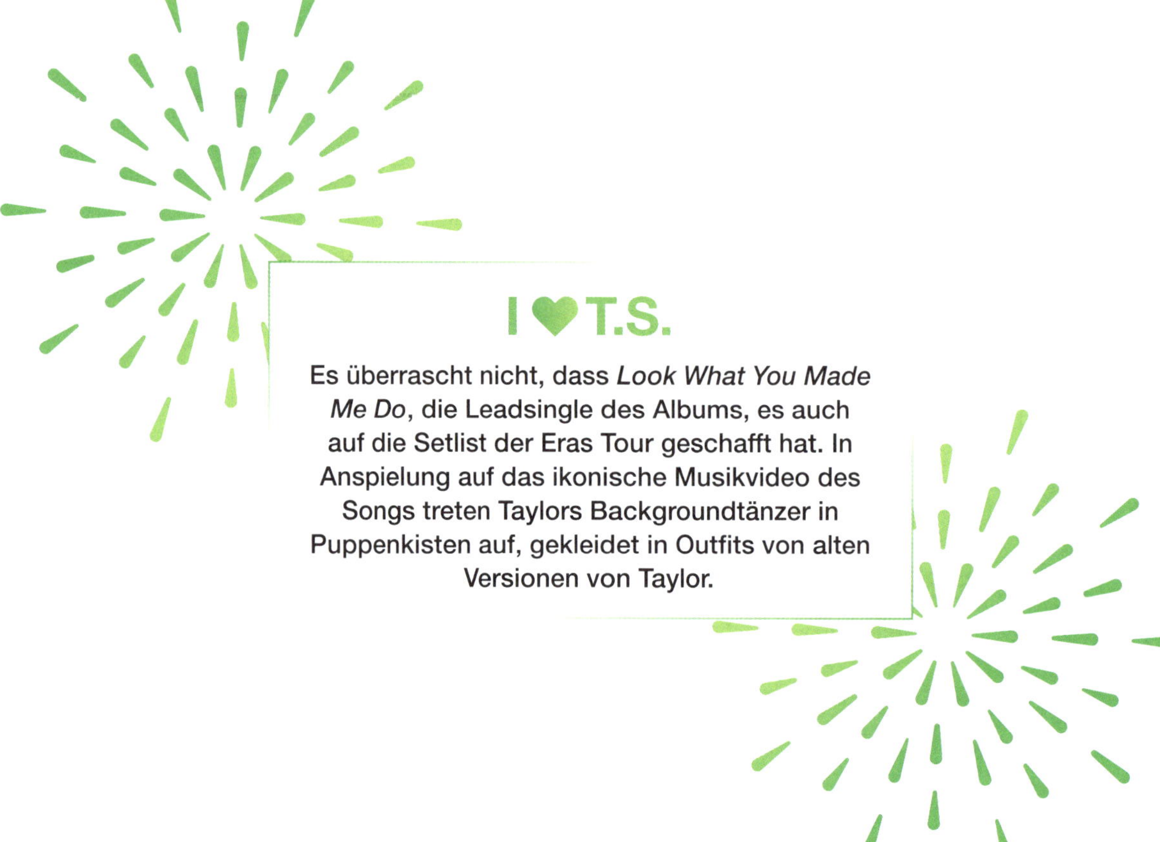

I ♥ T.S.

Es überrascht nicht, dass *Look What You Made Me Do*, die Leadsingle des Albums, es auch auf die Setlist der Eras Tour geschafft hat. In Anspielung auf das ikonische Musikvideo des Songs treten Taylors Backgroundtänzer in Puppenkisten auf, gekleidet in Outfits von alten Versionen von Taylor.

Speak Now Era

Als nächstes stellen wir den fünften Teil von Taylors Eras Tour vor. Veröffentlicht im Oktober 2010, war *Speak Now* Taylors drittes Studioalbum und erzählt von ihrem Erwachsenwerden. Taylor hat das ganze Album während ihrer *Fearless*-Tour selbst geschrieben und es blieb 6 Wochen an der Spitze der US Billboard 200 Charts.

Eras im Wandel

Taylors Standard-Setlist bestand ursprünglich aus 44 ihrer Lieblingslieder, weshalb jede Show der Eras Tour ungefähr dreieinhalb Stunden dauert! Allerdings waren einige *Speak Now*-Fans enttäuscht, dass nur ein Song – *Enchanted* – gespielt wurde. Wie immer, wenn es darum geht ihre Swifties glücklich zu machen, hat Taylor den Fanliebling *Long Live* zur Setlist hinzugefügt, nachdem sie *Speak Now (taylor's version)* im Juli 2023 veröffentlicht hat.

Königin des Pop

Wunderschöne Ballkleider sind an der Tagesordnung für die *Speak Now* Era. Vor einem atemberaubenden lila Hintergrund sieht Taylor in den wunderschönen goldenen, silbernen, blauen und pinken Ballkleidern königlich aus während sie *Enchanted* und *Long Live* singt.

Red Era

Der sechste Akt beginnt mit *22* von Taylors viertem Studioalbum *Red*. Außerdem spielt sie die Leadsingle des 2012er Albums *We Are Never Ever Getting Back Together* und *I Knew You Were Trouble*. Zur Freude der Swifties bringt die sagenumwobene 10-Minuten Version von *All Too Well* von der Red- Wiederveröffentlichung die Ära zu einem emotionalen Abschluss.

A LOT
GOING ON
AT THE
MOMENT

Eine große Familie

Um den Swifties das Gefühl zu geben, noch mehr mit den Shows der Eras Tour verbunden zu sein, erhielten die Fans leuchtende Armbänder, die blinken, pulsieren und Muster kreieren. Um die positivien Vibes der Community zu unterstützen haben Fans Freundschaftarmbänder füreinander gemacht.

I LOVE YOU!
LOVE

Mädchen in Rot

In einem Outfit, das an das Outfit aus dem *22*-Musikvideo erinnert, rockt Taylor verschiedene T-Shirts mit Sprüchen aus Pailletten – unter anderem eine Abwandlung des kultigen Originals „A Lot Going On At The Moment“ und „Who‘s Taylor Swift Anyway? EW.“ Unter dem Shirt ist ein atemberaubender rot-schwarzer Bodysuit, welchen sie während *All Too Well* und *Nothing New* mit einer glitzernden roten Jacke kombiniert.

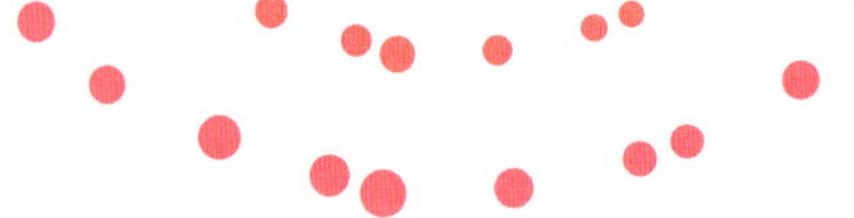

folklore Era

folklore wurde während der Pandemie im Juli 2020 veröffentlicht. Es war das erste von Taylors Überraschungs-Indie-Folk-Schwesternalben und ihr achtes Studioalbum. Der *folklore* Akt, der siebte der Eras Tour, zeigt die Rückkehr von Taylors idyllischer moosbewachsener Waldhütte, die man erstmals bei den Grammy Awards 2021 gesehen hat.

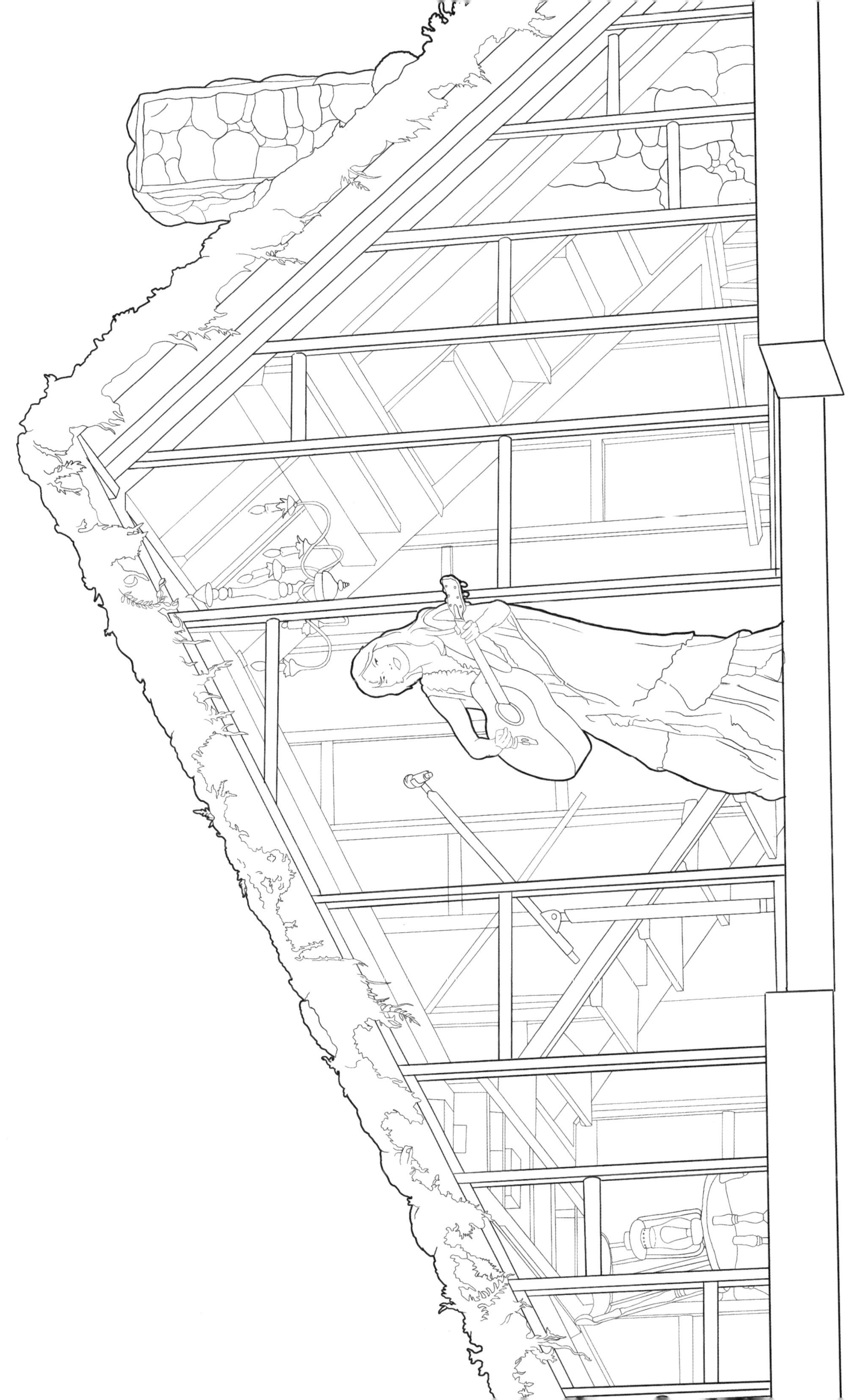

Cottagecore Chic

Bei der *folklore*-Performance dreht sich alles um luftige, fließende Kleider in einer Vielzahl von gedeckten, natürlichen Farben. Von der italienischen Schneiderin Alberta Ferretti hat Taylor eine Reihe von verträumten Designs in Grün, Lila, Creme und mehr getragen, die die spirituelle Ästhetik dieser Ära einfangen.

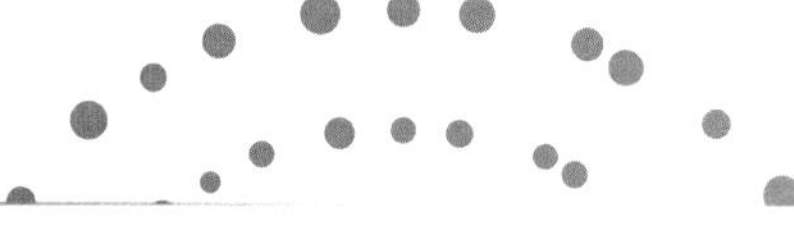

Easter eggs

Swifties sind seit Tourbeginn auf der Suche nach Taylors Easter eggs und sie gerieten in Aufregung, als Taylor während einer Performance von *Bejeweled* Schritte aus einem viralen TikTok-Tanz-Video eines Fans nachtanzte. Wer sagt, dass Taylor ihren Fans keine Aufmerksamkeit schenkt?!

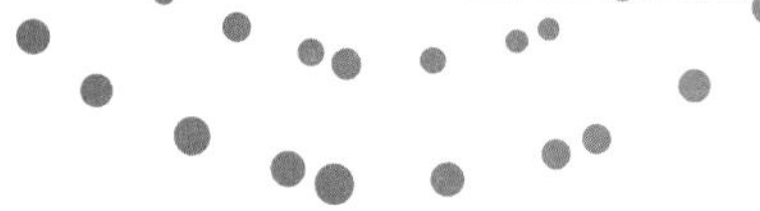

Hüttenfieber

Nach *seven* performt Taylor *the 1* oder *invisible string* während sie auf dem Dach ihrer Hütte sitzt. Danach schließt sie sich ihrer Band für *betty* und *the last great american dynasty* zusammen mit ihren Tänzer:innen an. Sie singt sich durch *august*, *illicit affairs* und *my tears ricochet* bevor sie das *folklore* set mit *cardigan* in ihrer Hütte beendet.

1989 Era

Viele Fans und Kritiker:innen halten es bis jetzt für das beste von Taylors Alben. 1989 wurde im Oktober 2014 veröffentlicht und verfestigte ihren Status als einer der größten Popstars. Es enthält einige iher größten und meist geliebten Hits und hat für Taylor die Auszeichnungen Album des Jahres und Bestes Pop Album bei den Grammy Awards 2016 gewonnen.

Retro-Revival

Taylor trägt einen glitzernden Zweiteiler von Designer Roberto Cavalli während ihres achten Akts ihrer Eras Tour. Die Outfits kommen in einer Vielzahl von auffälligen Farben, von Orange über leuchtendes Grün bis hin zu heißem Pink. Taylor performt fünf ihrer Hits von 1989, darunter *Style*, *Bad Blood* und *Wildest Dreams*.

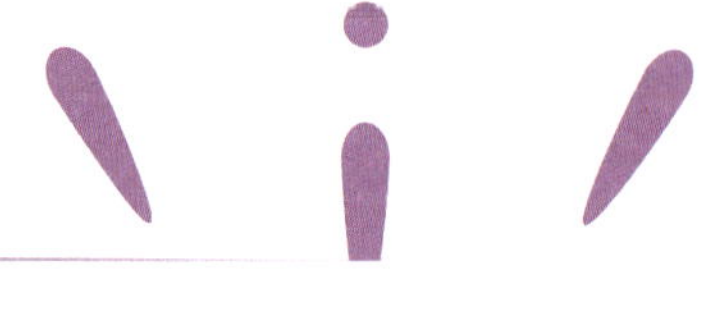

Taylor's Version

Am 9. August 2023, während ihrer Show in Inglewood, Kalifornien, kündigte Taylor *1989 (taylor's version)*, das neunte ihrer wiederaufgenommenen Alben, an. Es folgt auf die wiederaufgenommen Versionen von *Fearless*, *Red* und *Speak Now*. Taylor verwendete ihre Shows außerdem dafür, die Musikvideos für *Karma* und *I can see you* das erste mal zu zeigen.

Shake it up

Aufgeregte Swifties brachten die Erde wortwörtlich zum Beben während der Show des Stars in Seattle im Juli 2023 und verursachten seismische Aktivitäten, die einem Erdbeben der Stärke 3,2 gleichkommen. Passend dazu wird angenommen, dass der „Swift-Quake" während *1989*'s *Shake It Off* und *Blank Space* entstanden ist.

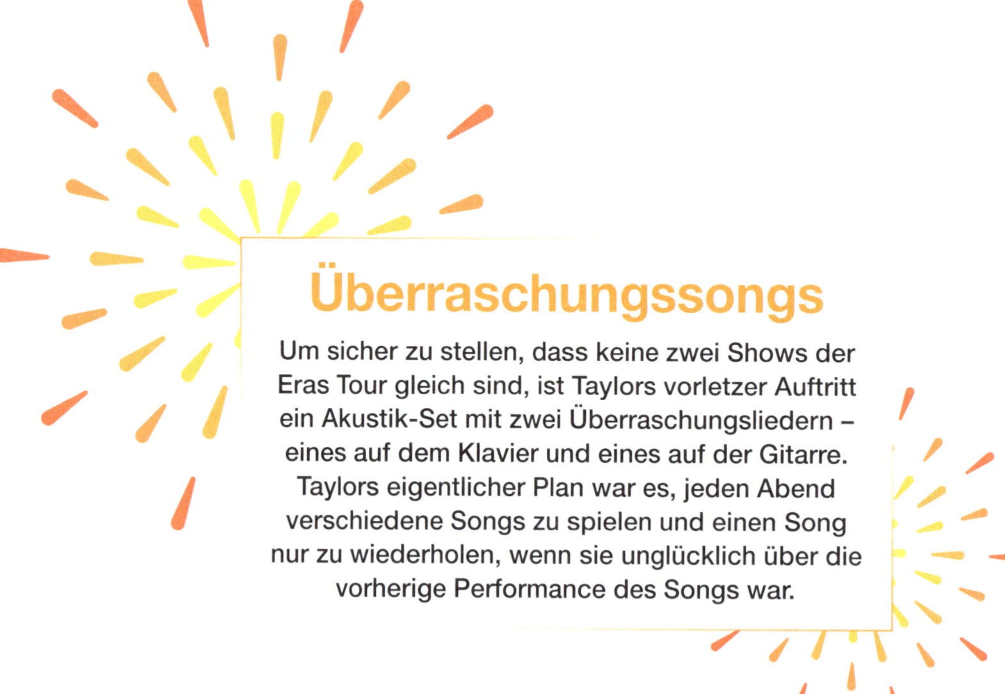

Überraschungssongs

Um sicher zu stellen, dass keine zwei Shows der Eras Tour gleich sind, ist Taylors vorletzer Auftritt ein Akustik-Set mit zwei Überraschungsliedern – eines auf dem Klavier und eines auf der Gitarre. Taylors eigentlicher Plan war es, jeden Abend verschiedene Songs zu spielen und einen Song nur zu wiederholen, wenn sie unglücklich über die vorherige Performance des Songs war.

Taylors Freund:innen

Während der Eras Tour haben einige Special Guests Taylor auf der Bühne als Supporting Acts unterstützt – angefangen bei Paramore und Gayle, die die allererste Show der Tour eröffnet haben, über Sabrina Carpenter, Phoebe Bridgers, HAIM und vielen mehr. Bei den Shows in East Rutherford hat Taylor Rapperin Ice Spice auf die Bühne geholt, um zusammen ihren *Karma*-Remix zu performen.

Coming Clean

Taylor hat einen Surprise Song wiederholt – *Clean* von *1989* – das erste Mal während einer Show in East Rutherford im Mai 2023, nachdem sie zugegeben hat, dass sie es in einer höheren Stimmlage hätte singen sollen. Während ihrer letzten Performance von 2023, verkündete sie, dass während ihrer Shows 2024 wieder alle Lieder als Überraschungslieder in Frage kommen.

Midnights Era

Alle guten Dinge müssen irgendwann zu einem Ende kommen und Taylor beendet ihre Eras Tour Shows mit Stil mit dem *Midnights*-Album. Sie fängt mit dem träumerischen *Lavender Haze* an, bevor sie die Fans mit auf eine Reise durch ihr zehntes Album nimmt, bei der sie unter anderem *Anti Hero* und *Midnight Rain* vorstellt und mit *Karma* abschließt.

Going out in style

Taylors Outfits während des abschließenden *Midnights*-Kapitels gehören zu den atemberaubendsten der gesamten Show. Sie trägt einen Fransen-Bodysuit von Designer Oscar de la Renta, der von Hand mit über 5300 Kristallen und Perlen bestickt wurde und für dessen Herstellung unglaubliche 315 Stunden benötigt wurden!

Rekordbrecher

Wenn die Eras Tour in Vancouver im Dezember 2024 endet, wird Taylor mehr als 150 Shows in über 50 Städten auf fünf Kontinenten gespielt haben. Im Dezember 2023 wurde die Tour zum umsatzstärksten Konzert der Geschichte und hat unglaubliche 1 Milliarde Dollar an Einnahmen generiert.

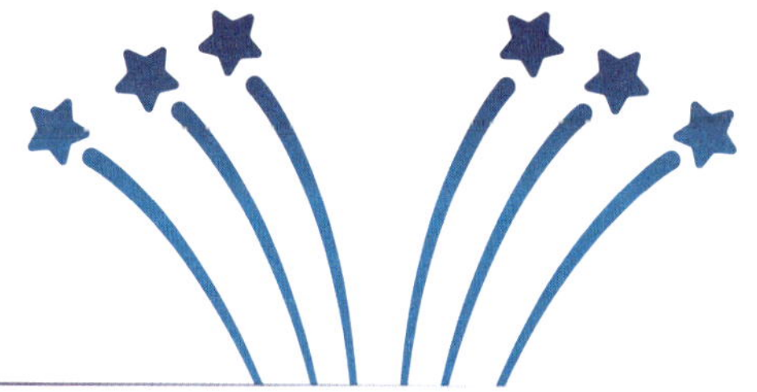

Poesie in Bewegung

Als sie ihren 13. Grammy Award für das beste Pop-Album für *Midnights* erhielt, versetzte Taylor Swifties in einen Rausch als sie ihr neuestes Album ankündigte, *The Tortured Poets Department*. Mit Beginn der Tour in Europa haben es auch einige Lieder des elften Studioalbums auf die Setlist geschafft.

Eras Tour Film

Am 13. Oktober 2023 wurde der *Taylor Swift: The Eras Tour*-Film veröffentlicht. Unter der Regie von Sam Wrench gab der Film den Swifties, die nicht das Glück hatten auf ein Kozert zu gehen, die Möglichkeit, die Tour in ihrer ganzen Pracht zu erleben. Er spielte über $260 Millionen weltweit an den Kinokassen ein.

Buchempfehlungen für dich

ISBN 978-3-7358-5233-5

ISBN 978-3-7358-8140-3

ISBN 978-3-7358-7114-5

EAN 4007742184896

Viele weitere Kreativ-Bücher findest du auf www.TOPP-kreativ.de

Aktivitäten

- 80 Finde die Unterschiede
- 80 Entkomme dem Labyrinth
- 81 Setlist-Salat

Wordsearches

- 82 Eras Tour Acts
- 84 Setlist-Lieder
- 86 Support Acts

Quizzes

- 88 Leicht
- 90 Mittel
- 92 Schwer

Hake die ab, die du geschafft hast!

Finde die Unterschiede

Kannst du alle SECHS Unterschiede zwischen den Bildern finden?

Bringe Taylor auf die Bühne!

Helfe Taylor sich an den Fans vorbeizuschleichen und zur Bühne zu gelangen

Setlist-Salat

Entschlüssle diese Freundschaftsarmbänder, um Songs aus der Setlist der Eras Tour zu entdecken

1. ______________________

A M A R K

2. ______________________

E R O L V

3. ______________________

G D A A R C I N

4. ______________________

N E H A M T

5. ______________________

D C E N T E H N A

6. ______________________

Wortsuche

Kannst du diese 10 Eras Tour Acts (plus ein Easter egg!) im Rätsel finden?

D	S	R	O	U	T	T	K	E	I	T	W	E	V	Y
D	E	K	D	O	O	E	R	A	S	M	O	V	I	E
B	S	R	P	H	U	O	T	E	E	T	N	Q	A	P
Z	X	D	L	R	L	W	X	E	V	V	W	G	E	N
S	E	E	G	K	A	U	R	S	W	D	A	J	N	J
T	F	E	L	G	U	O	S	O	D	C	G	N	I	R
S	A	O	B	G	M	E	N	L	O	C	O	L	N	R
T	F	V	T	R	L	K	C	U	B	I	O	B	Y	C
H	S	W	E	R	A	Z	S	T	T	V	E	N	T	I
G	P	V	A	E	P	T	R	A	E	S	U	B	H	G
I	E	E	P	K	I	X	T	R	C	S	O	Z	G	W
N	F	S	J	C	P	U	D	A	N	K	X	N	I	B
D	F	F	W	U	P	U	X	G	I	Q	B	I	E	W
I	S	K	Y	E	P	L	Z	Z	X	P	P	R	C	N
M	Y	F	R	R	L	F	Z	B	K	C	N	C	W	G

Finde diese Worte …

LOVER	REPUTATION	FOLKLORE	MIDNIGHTS
FEARLESS	SPEAKNOW	EIGHTYNINE	
EVERMORE	RED	ACOUSTIC	

Kannst du diese neun Lieder von der Eras Tour Setlist finden?

I	M	E	V	C	G	Q	X	R	W	L	P	C	N	J
N	M	T	E	Z	W	X	M	O	L	D	D	L	N	J
V	Q	A	P	H	N	X	L	E	D	N	Q	E	F	Y
I	I	C	Z	O	C	L	W	W	Z	V	M	K	E	J
S	N	I	B	G	I	O	P	V	O	E	H	O	V	T
I	R	L	B	W	O	L	E	K	E	E	J	T	Q	N
B	F	E	Y	T	L	U	H	F	W	R	Y	U	N	Y
L	R	D	L	Y	R	O	T	S	E	V	O	L	T	F
E	O	L	P	V	X	M	G	U	T	M	D	P	G	J
S	A	I	K	T	U	L	N	Q	C	Y	Y	O	Z	N
T	J	M	L	O	L	F	F	P	A	D	L	V	I	W
R	T	Q	P	A	N	T	I	H	E	R	O	E	P	D
I	C	R	U	E	L	S	U	M	M	E	R	G	O	Q
N	I	X	U	Q	Q	C	O	S	B	D	E	M	O	S
G	Y	P	F	D	E	T	N	A	H	C	N	E	I	P

Finde diese Worte ...

CRUELSUMMER	DELICATE	INVISIBLESTRING
LOVESTORY	ENCHANTED	STYLE
WILLOW	ALLTOOWELL	ANTIHERO

P	M	I	S	J	L	K	C	U	Z	B	X	K	T	J
H	D	C	U	M	A	U	J	N	P	H	A	I	M	O
O	E	E	S	B	A	X	V	R	K	O	C	I	Q	H
E	R	S	G	K	E	R	G	F	Q	Z	S	S	S	W
B	N	P	K	A	I	A	B	B	A	W	Z	O	K	X
E	I	I	L	B	Y	L	B	A	X	F	N	Q	X	N
B	L	C	I	P	L	L	G	A	E	Y	F	I	P	B
R	R	E	Q	A	K	B	E	Q	D	I	C	V	A	L
I	I	X	B	R	J	W	I	S	D	O	C	R	S	A
D	G	S	G	A	C	D	V	M	I	I	O	A	D	T
G	Y	A	T	M	S	V	K	V	N	Q	E	B	R	Z
E	C	T	F	O	E	Q	R	K	T	U	N	B	E	G
R	W	U	S	R	N	B	A	N	U	M	R	G	Z	E
S	J	O	M	E	V	J	E	R	F	W	J	R	C	J
E	W	L	X	Q	S	A	E	J	L	A	X	I	E	U

Finde diese Worte …

PARAMORE
PHOEBEBRIDGERS
HAIM
GAYLE
BEABADOOBEE
GRACIEABRAMS
GIRLINRED
MUNA
LOUTA
ICESPICE

Quiz

Einfach

1. In welcher US-amerikanischen Stadt fing die Eras Tour an?

____

2. Die Eras Tour ist Taylors ...
- [ ] Dritte
- [ ] Sechste
- [ ] Achte

... Konzert-Tour.

3. Wie viele Acts sind in jeder Eras Tour Show?

____

4. Welcher ist der erste Act?

____

5. Welches von Taylors Alben ist keiner der Acts?

____

6. **Vervollständige die Liedzeile dieses Songs von der Eras Tour Setlist:**
"I would be complex, I would ..."

____

7. **Im Durchschnitt, wie lange geht eine Show der Eras Tour?**

- ☐ Circa 1h 30min
- ☐ Circa 2h 30min
- ☐ Circa 3h 30min

8. **Welches war der einzige Song von *Speak Now*, der zuerst alleine auf der Setlist stand?**

____

9. **Auf wie vielen Kontinenten wird die Eras Tour sein?**

____

10. **Mit welcher Era beendet Taylor die Show?**

____

© Getty Images

Quiz

Mittel

1. An welchem Datum war die Eröffnungsshow der Eras Tour?

____

2. Wer war die Vorband am ersten Abend der Tour?

____

____

3. Wie viele Tickets hat Taylor am ersten Tag während des US-Vorverkaufs verkauft?
   - ☐ 1.5 Millionen
   - ☐ 2.4 Millionen
   - ☐ 3.2 Millionen

4. Wie viele Songs stehen auf der originalen Setlist?

____

5. **Welche:r Rapper:in hat Taylor in East Rutherford auf der Bühne unterstützt?**

____

6. **Vervollständige die Liedzeile dieses Songs von der Eras Tour Setlist:**
"A friend to all is a friend to none, Chase two girls, ..."

____

7. **Wie viele verschiedene Outfits hat Taylor jeden Abend?**

____

8. **Welcher ist der letzte Song der Eras Tour?**

____

9. **In welcher Stadt wird die Eras Tour 2024 beendet?**

____

10. **Richtig oder Falsch: Die Setlist der Eras Tour enthält eine 10-minütige Version von *All Too Well*?**

☐ Richtig ☐ Falsch

Quiz

Schwer

1. In welcher US-amerikanischen Stadt haben Swifties ein Erdbeben während *Shake It Off* verursacht?

____

2. Wer dekorierte Taylors Fearless-Gitarre für die Tour?

____

3. Die Eras Tour wurde zu der ersten Konzert-Tour, die über ___ Umsatz einbrachte.
   - ☐ $100 Millionen
   - ☐ $1 Milliarde
   - ☐ $10 Milliarden

4. Wie viele Guinnes World-Rekorde hat die Eras Tour in 2023 erreicht?

____

5. **In welcher TV-Sendung verkündete Taylor Swift ihre Eras Tour?**

____

6. **Vervollständige die Liedzeile dieses Songs von der Eras Tour Setlist:**
*"You'll see me in hindsight
Tangled up with you all night
..."*

____

____

7. **Wer führte beim Eras Tour Film Regie?**

____

8. **Welches war der erste Surprise Song, der während der Tour wiederholt wurde?**

____

9. **Wie viele Shows spielte Taylor während des US-amerikanisches Teils ihrer Tour 2023?**

____

10. **Bei welchem Stadion wird Taylor bis zum Ende ihrer Tournee am meisten aufgetreten sein?**

____

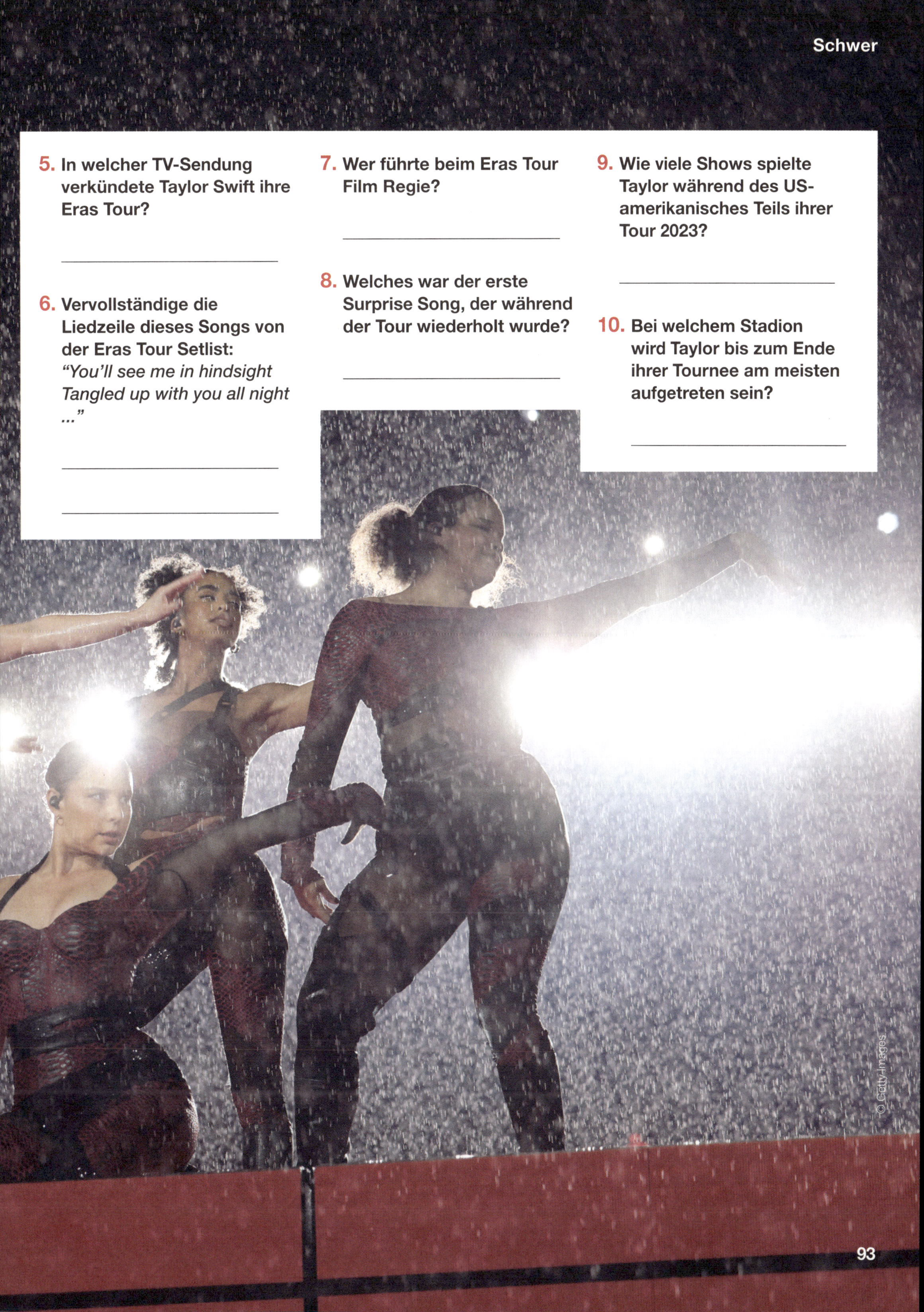

Antworten

Bring Taylor auf die Bühne

Finde die Unterschiede

Setlist-Salat

1. DELICATE
2. KARMA
3. LOVER
4. CARDIGAN
5. THE MAN
6. ENCHANTED

Wortsuchen

Geheime Antwort

Eras Tour Acts

D S R O U T T K E I T W E V Y
D E K D O O E R A S M O V I E
B S R P H U O T E E T N Q A P
Z X D L R L W X E V V W G E N
S E E G K A U R S W D A J N J
T F E L G U O S O D C G N I R
S A O B G M E N L O C O L N R
T F V T R L K C U B I O B Y C
H S W E R A Z S T T V E N T I
G P V A E P T R A E S U B H G
I E E P K I X T R C S O Z G W
N F S J C P U D A N K X N I B
D F F W U P U X G I Q B I E W
I S K Y E P L Z Z X P P R C N
M Y F R R L F Z B K C N C W G

Setlist-Lieder

I M E V C G Q X R W L P C N J
N M T E Z W X M O L D D L N J
V Q A P H N X L E D N Q E F Y
I I C Z O C L W W Z V M K E J
S N I B G I O P V O E H O V T
I R L B W O L E K E E J T Q N
B F E Y T L U H F W R Y U N Y
L R D L Y R O T S E V O L T F
E O L P V X M G U T M D P G J
S A I K T U L N Q C Y Y O Z N
T J M L O L F F P A D L V I W
R T Q P A N T I H E R O E P D
I C R U E L S U M M E R G O Q
N I X U Q Q C O S B D E M O S
G Y P F D E T N A H C N E I P

Support Acts

Quizze

Einfach

1. Glendale, Arizona
2. Sechste
3. 10
4. *Lover*
5. Ihr Debut, *Taylor Swift*
6. "Be cool" von *The Man*
7. Circa 3h 30min
8. *Enchanted*
9. 5
10. *Midnights*

Mittel

1. 17. März 2023
2. Paramore und Gayle
3. 2,4 Millionen
4. 44
5. Ice Spice
6. "Lose the one" von *cardigan*
7. Bis zu 16
8. *Karma*
9. Vancouver, Canada
10. Richtig

Schwer

1. Seattle
2. Ihre Eltern
3. $1 Billionen
4. 6
5. *Good Morning America*
6. "Burning it down" von *Wildest Dreams*
7. Sam Wrench
8. *Clean*
9. 53
10. Wembley, London – 8-mal